科学のアルバム

ヘチマのかんさつ

佐藤有恒

あかね書房

もくじ

指導協力●馬場一男
構成●七尾 純
イラスト●豊島靖彦
森上義孝
渡辺洋二
林 四郎
装丁●画工舎

科学のアルバム

ヘチマのかんさつ

佐藤有恒（さとう　ゆうこう）

一九二八年、東京都麻布《あざぶ》に生まれる。
子どものころより昆虫《こんちゅう》に興味《きょうみ》をもち、東京都公立学校に
勤《つと》めながら昆虫写真を撮《と》りつづける。
一九六三年、東京都銀座《ぎんざ》で虫と花をテーマにした個展をひらき、
翌《よく》一九六四年に、フリーのカメラマンとなる。
以後《いご》、すぐれた昆虫生態《せいたい》写真を発表しつづけ
「昆虫と自然《しぜん》のなかに美を発見した写真家」として注目される。
おもな著書《ちょしょ》に「アサガオ」「紅葉のふしぎ」
「花の色のふしぎ」（共にあかね書房）などがある。
一九九一年、逝去《せいきょ》。

ヘチマがすくすくそだちます。
葉《は》をつけ、つるをのばします。
花《はな》がさき、実《み》がなります。
生長《せいちょう》していくたびに、
新《あたら》しい発見《はっけん》があるでしょう。

→土《つち》のなかで、根《ね》をのばしはじめた平《ひら》たいヘチマのたね。

←根《ね》がしっかり土《つち》のなかにのびると、たねが土《つち》から顔《かお》をだします。

ヘチマのたんじょう

四月《しがつ》のはじめ、ヘチマのたねをまきました。たねは、水《みず》とほどよい温度《おんど》のもとで、活動《かつどう》をはじめます。平《ひら》たいヘチマのたねのなかで、どんなことがおきているのか、外《そと》からはみることができません。

でも、やがてたねは白《しろ》い根《ね》をだし、根《ね》はさらにえだ根《ね》を土《つち》のなかにいくつものばします。

たねまきから一週間《しゅうかん》。たねは土《つち》をおしあげて顔《かお》をだします。そして、たねのからがわれて、なかから、ふた葉《ば》が手《て》のひらをあわせたような形《かたち》でおきあがります。

そっと土《つち》をのけて、白《しろ》いくきや、えだ根《ね》からはえた小《ちい》さな根《ね》を、のぞいてみましょう。

●ふた葉《ば》のたんじょう

たねのからをわって，ふた葉《ば》がでてきました。ふた葉《ば》は，すでにたねのなかにできていたのです。ふた葉《ば》は，土《つち》のなかからおきあがると，太陽《たいよう》の光《ひかり》をうけてみどりに色《いろ》づいてきます。根《ね》は，土《つち》のなかにのびて水《みず》をすいあげ，ふた葉《ば》は，太陽《たいよう》へむかって大《おお》きくそだちます。

↓ふた葉《ば》は，肉《にく》の厚《あつ》い，つるつるしたまるい形《かたち》の葉《は》です。根《ね》がすいあげる水《みず》と，空気《くうき》と太陽《たいよう》の光《ひかり》を，生長《せいちょう》するための養分《ようぶん》にかえます。ふた葉《ば》のつくった養分《ようぶん》で，最初《さいしょ》の本葉《ほんば》がそだちます。

←↓本葉《ほんば》がそだち，養分《ようぶん》をつくりながら，ヘチマがのびます。本葉《ほんば》が５～６まいになったら，地上《ちじょう》にうえかえ，ささえをあたえます。

本葉《ほんば》がそだつ

ヘチマがふた葉《ば》をひらきます。せたけが、ぐんぐんのびていきます。ふた葉《ば》はたねの何《なん》ばいも大《おお》きくなりました。

ふた葉《ば》の役目《やくめ》は、太陽《たいよう》の光《ひかり》をいっぱいにうけて、本葉《ほんば》をつくることです。新《しん》せんな空気《くうき》がいります。根《ね》からすいあげた水《みず》も、たっぷりつかいます。

つばさをひろげたようなふた葉《ば》のあいだから、めがでました。めは、ぎざぎざのある葉《は》にそだちます。切《き》れこみのあるひらいた手《て》のような本葉《ほんば》です。

春《はる》の日《ひ》ざしの下《した》で、ふた葉《ば》の上《うえ》に、本葉《ほんば》をつけたヘチマがのびます。

➡六月《がつ》はじめ、もうじき、たなにとどくようになりました。どこがのびるのか、くきにしるしをつけてみましょう。葉《は》の大《おお》きさをはかってみましょう。
⬅たなの上《うえ》までのびたつるは、はいながら、ちかくにある竹《たけ》にまきついていきます。

のびざかりのヘチマ

ヘチマがそだちます。本葉《ほんば》の数《かず》がふえます。つるものびます。※シュロなわをまいたささえの竹《たけ》がなければ、ヘチマは、地面《じめん》をはってしまいます。

ヘチマは、つるをなわにまきつけて、からだをささえます。ささえの竹《たけ》につかまって、ぐんぐんのびます。もうすぐ、たなにとどきそうです。

庭《にわ》の木《き》が葉《は》をしげらせます。たなの上《うえ》の空《そら》だけが、ぽっかりあいています。

ヘチマは、つるをまきつけ、たなの上《うえ》をはってそだちます。大《おお》きな葉《は》をいっせいに、空《そら》にむけてひろげます。

※シュロのせんいであんだなわで、園芸《えんげい》の店《みせ》などにあります。ヘチマのつるがまきつきやすいように、ささえの竹《たけ》にまいてもちいます。

➡つるの先《さき》は、ものにふれると、そのしげきでまきつきます。そのうちに、ねじれができ、ねじれは数《かず》をまして、くきをささえにひきよせます。

つるのまきかた

ヘチマのつるは、つるの先《さき》がゆっくりわをかきながらそだちます。ささえにふれると、つるの先《さき》がまきつきます。

まきついたつるは、ささえにちかいところに、ねじれができます。ねじれがかさなると、くきがまきついたささえの方《ほう》へ、ひきよせられます。つるのねじれは、とちゅうで方向《ほうこう》が、ぎゃくになっています。

風《かぜ》がふいても、だいじょうぶです。ねじれの部分《ぶぶん》がばねのように、のびたりちぢんだりして、つるはかんたんに切《き》れないしくみになっています。

➡ねじれのできかたに注意《ちゅうい》しましょう。つるの両《りょう》はしはうごけません。つるのとちゅうからねじれがすすみます。ねじれのむきは、まんなかでぎゃくになっています。二本《ほん》のえだにわかれたつるは、両手《りょうて》でしっかりものにつかまるのと、おなじしくみです。

のびちぢみするつる

つゆの季節《きせつ》は，たなの上《うえ》のヘチマがたくましくそだちます。のびたつるがまきつくほど，葉《は》がふえてこみあいます。風《かぜ》にあおられても，ねじれた部分《ぶぶん》がのびちぢみして，しなやかです。よくまきついたつるが，たなの上《うえ》のヘチマをささえています。

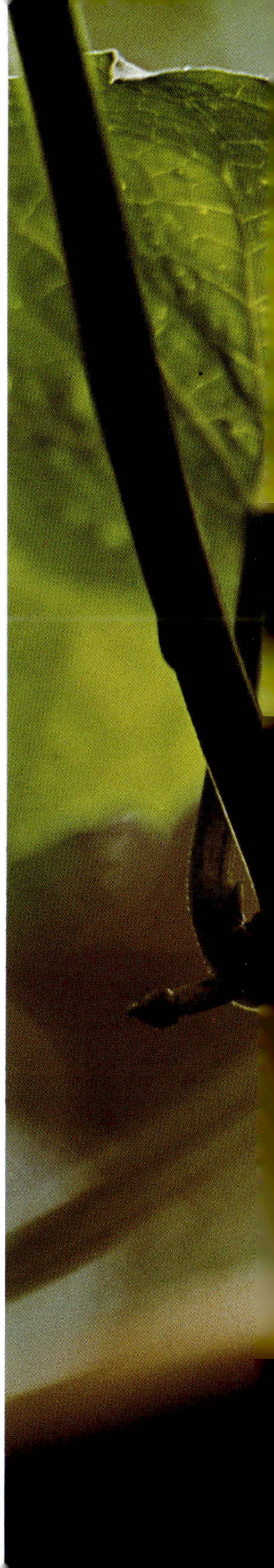

➡赤《あか》いアリや黒《くろ》いアリがあつまってきました。そのようすから、小《ちい》さなふくらみのまるい部分《ぶぶん》からは、みつがでていることがわかります。ふくらみのかげに、小《ちい》さな花《はな》めもあります。

⬅花《はな》めは、これ以上《いじょう》大《おお》きくなりません。葉《は》の根《ね》もとからは、くきの先《さき》が切《き》れたり、きずついたりすると、新《あたら》しいくきがのびてきます。

みつと花《はな》め

つるの橋《はし》をアリがわたります。葉《は》の根《ね》もとに、アリがあつまります。アリはみつをすっているのでしょうか。

葉《は》の根《ね》もとに、小《ちい》さな花《はな》めと小《ちい》さなふくらみがついています。アリが、熱《ねっ》心《しん》にあつまる小《ちい》さなふくらみからは、みつがでているにちがいありません。

小《ちい》さな花《はな》めの子《こ》どもは、そのあと、いつのまにかおちてしまいます。ヘチマは、まだまだ大《おお》きくそだたなければなりません。葉《は》やくきの生長《せいちょう》に養分《ようぶん》をつかうあいだは、花《はな》めの子《こ》どもは、小《ちい》さなままで、さくことなくおわります。

➡アリマキは、いろいろな植物《しょくぶつ》につきます。はりのような口《くち》で、植物《しょくぶつ》のしるをすいます。「胎生《たいせい》」といって、親《おや》とおなじ形《かたち》をした子《こ》をうみます。

⬅クサカゲロウの幼虫《ようちゅう》は、ごみをせなかにのせて、ほかの虫《むし》たちをあざむきます。アリマキをとらえる幼虫《ようちゅう》は、ヘチマにとってみかたです。

みどりの上《うえ》のこん虫《ちゅう》たち

のびざかりの植物《しょくぶつ》は、からだじゅうが、新《しん》せんな養分《ようぶん》でいっぱいです。

ヘチマの葉《は》のうらには、アリマキがむらがっています。はりのような口《くち》で、養分《ようぶん》をすいます。たっぷりすって、どんどん子《こ》どもをふやします。

葉《は》の上《うえ》に、山《やま》のようなごみをくっつけてうごくものがいます。おや！するどいきばでアリマキをはさみました。みると、しるをすっています。

ヘチマの上《うえ》では、いろいろな生《い》きものが生活《せいかつ》しています。のびざかりのヘチマの養分《ようぶん》でそだつのです。

→ヘチマのくきを切《き》ってビンにさします。ビンの水《みず》には、赤《あか》インクをおとします。しばらくして、くきを切《き》ってみると、水《みず》の通《とお》り道《みち》がわかります。くきには、水《みず》や養分《ようぶん》の通《とお》るくだがあります。

←葉《は》は、たなをおおうようになりました。じゅうぶん光《ひかり》をうけとめるだけ大《おお》きくそだちました。地面《じめん》にちかい本葉《ほんば》と大《おお》きさをくらべましょう。

たなをおおうヘチマ

厚《あつ》いつゆの雲《くも》が切《き》れて、空《そら》は夏《なつ》のかがやきをみせはじめます。

あんなに小《ちい》さかったヘチマのたねから、長《なが》いくきや、何《なん》十まいもある葉《は》がそだち、今《いま》では、たなをおおうようにまでなりました。

太陽《たいよう》の光《ひかり》を、じゅうぶんうけとめられるようなからだになりました。

たくましくそだったくきのなかには、葉《は》がつくった養分《ようぶん》がながれています。根《ね》からすった水《みず》がはこばれています。

ふた葉《ば》は、とうに役目《やくめ》をおえて、くきからおちてしまいました。

つぼみがのびる

6月《がつ》すえ。じゅうぶん大《おお》きくそだったヘチマは，花《はな》めをそだてます。小《ちい》さなえんぴつのようなめばな，つぼみがあつまっているおばな，ヘチマには，めばなとおばながあります。つぼみは，葉《は》の根《ね》もとからぐいぐいのびて，まもなく葉《は》の上《うえ》に顔《かお》をだします。めばなのつぼみが，ほころびはじめました。

めばなを切《き》ってみたところ。おしべはなく，めしべだけでした。

おばなを切《き》ってみたところ。おしべだけで，花《か》ふんがみえます。

ヘチマの花《はな》がさいた

ヘチマには、おばなとめばながあります。めしべをもつ花《はな》と、おしべをもつ花《はな》とにわかれています。

つぼみがたくさんつくのが、おばなです。下《した》のつぼみから順番《じゅんばん》にさきます。ほそい、実《み》になる部分《ぶぶん》がついているのが、めばなです。

大《おお》きくそだった葉《は》のあいだからのびでたつぼみ、そのなかに、もう花《はな》ができています。たいていおばなが先《さき》にさき、あとからめばながひらきます。

たなの上《うえ》の葉《は》の上《うえ》で、ヘチマが黄色《きいろ》い花《はな》びらを空《そら》にむかってひらきます。

⬆おばながたくさんさいています。めばなのつぼみがひらきはじめます。みどりのヘチマだなに，花《はな》の季《き》節《せつ》がやってきました。花《はな》びらが，黄色《きいろ》い光《ひかり》のかげをつくります。

→おばな。「むだ花《ばな》」とよばれますが，むだではありません。だいじな花《か》ふんをだす花《はな》です。おしべの先《さき》から，ボールのような花《か》ふんをだします。円内《えんない》は，おしべの先《さき》の花《か》ふん。

おばなとめばな

毎朝《まいあさ》、いくつも花《はな》がさきます。やがて、おばなもめばなも、いっしょにひらくようになりました。

おばながひらくと、花《はな》びらにつつまれていたおしべが顔《かお》をだします。おしべの先《さき》からは、花《か》ふんがでます。

花《か》ふんが、めばなのめしべにつくと、実《み》になる生長《せいちょう》がはじまります。

でも、はなれてさいているめばなにだれが花《か》ふんをはこぶのでしょう。虫《むし》がはこんでくれるのでしょうか。

花《か》ふんがとどかなければ、めばなもおばなもむだにおわります。

⬇めばな。顔《かお》をのぞかせているめしべが，花《か》ふんをまっています。風《かぜ》がはこんでくるのでしょうか。鳥《とり》でしょうか。それとも，虫《むし》がはこぶのでしょうか。

花《はな》の上《うえ》のこん虫《ちゅう》たち

いろいろな虫《むし》が、花《はな》をおとずれます。花《はな》の色《いろ》にからだをそめて※クモがまちぶせます。命《いのち》がけの虫《むし》たちも、花《か》ふんのあまりよいはこび手《て》にはみえません。からだには、そんなに花《か》ふんをつけていないようです。

↓①みつをすいにきたイチモンジセセリ。②みつをなめるアリ。③花《か》ふんをなめるヒラタアブのなかま。④虫《むし》をまちぶせるアズチグモ。⑤花《はな》びらをたべるトホシテントウ。⑥みつをあつめるミツバチのはたらきバチ。

※アズチグモは，まわりの色《いろ》にあわせて，からだの色《いろ》がしだいにかわります。

●花《はな》のかけあわせ

7月《がつ》なかごろ，おばなを切《き》りとり，めばなのめしべに花《か》ふんをつけます。これをかけあわせといいます。かけあわせをすると，自然《しぜん》のままにしておくより，よく実《み》がなるようです。でも実《み》がよくそだつには，養分《ようぶん》がなければなりません。

➡⬇おばなもめばなも，1日《にち》でしぼみます。さいたその日《ひ》にかけあわせます。おばなは，つぎの日《ひ》に花《はな》のえに切《き》れ目《め》(▶)ができて，ポトリとおちてしまいます。

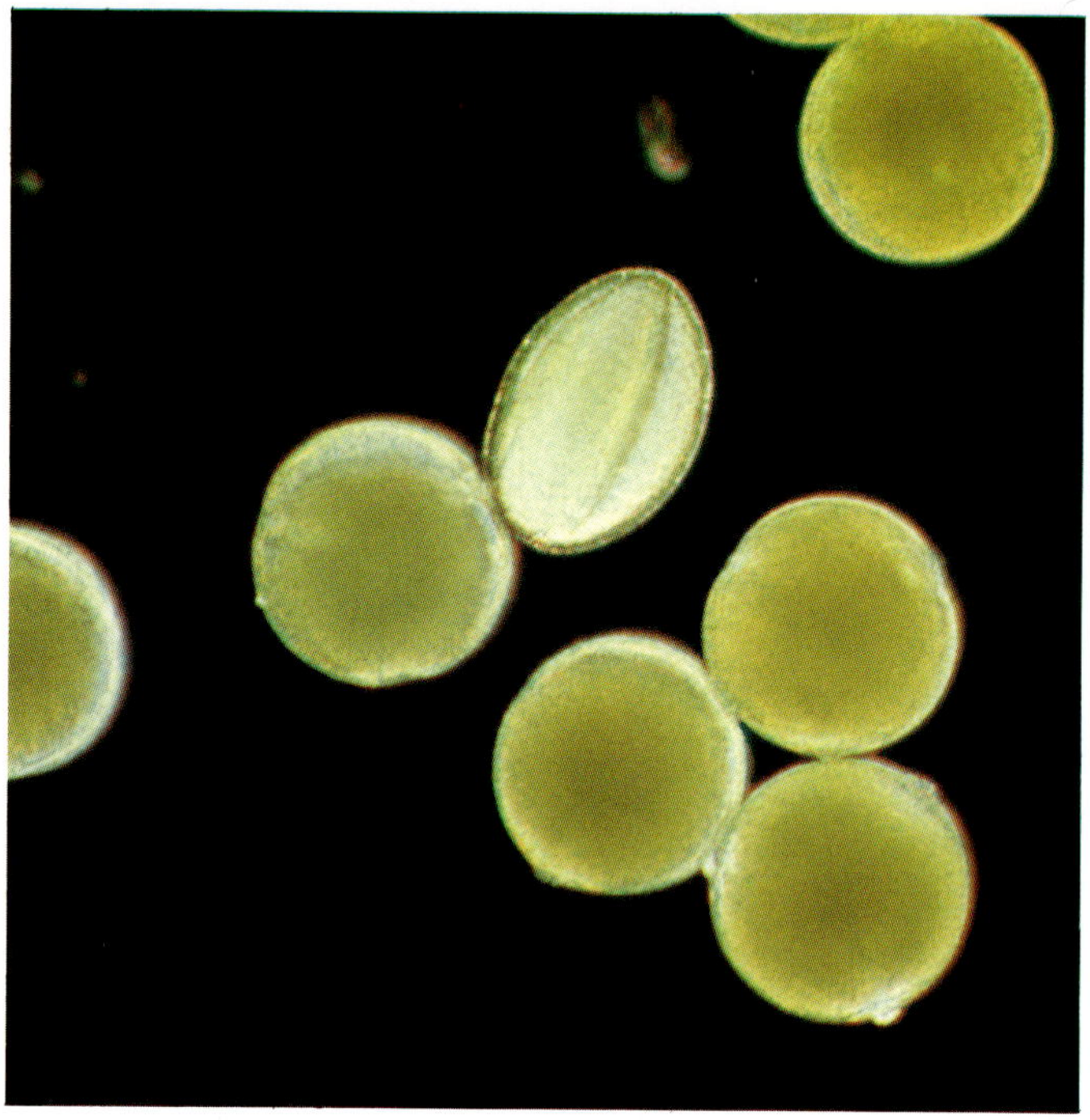

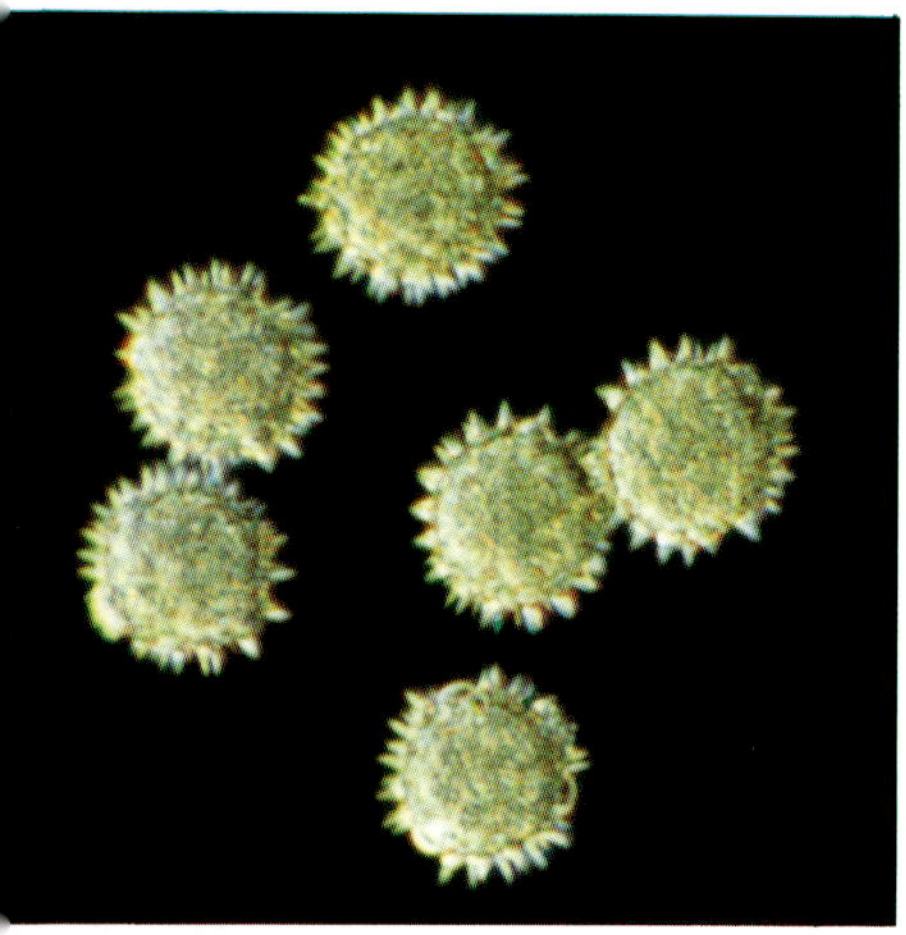

→右《みぎ》，けんびきょうでみたヘチマの花《か》ふん。つるっとしています。
↓下《した》，虫《むし》のからだにつきやすそうな形《かたち》のヒマワリの花《か》ふん。

花《か》ふんのゆくえ

ボールににていて、つるっとした花《か》ふんは、虫《むし》のからだにつきにくいようです。花《はな》をかけあわせないでおくと、実《み》はあまりよくそだたないようです。

かけあわせによって、めしべについた花《か》ふんは、※くだをのばして実《み》になる部分《ぶぶん》にとどきます。たくさんの花《か》ふんがとどくと、いよいよ実《み》が大《おお》きくそだちます。

ヘチマの花《はな》は、朝《あさ》ひらいても夕方《ゆうがた》にはとじてしまいます。おばなもめばなも、たった一日《にち》で役目《やくめ》をおえると、しぼんでしまう花《はな》です。つぎの日《ひ》には、おばなが花《はな》のえから、ポトリとおちてしまいます。

※花《か》ふんかんとよばれ、のびたくだは実《み》の胚珠《はいしゅ》というところにたっします。胚珠《はいしゅ》は、花《か》ふんかんを通《とお》ってきた花《か》ふ

↓めばなをたてに切《き》ってみましょう。ヘチマの実《み》になる部《ぶ》分《ぶん》です。めしべについた花《か》ふんからくだがのびて，実《み》になる部《ぶ》分《ぶん》にとどくと，実《み》は大《おお》きくそだちはじめます。

➡ヘチマの実《み》が大《おお》きくなると、おもさもくわわって、やがて下《した》むきになりぶらさがります。まだ、しぼんだ花《はな》びらがのこっています。

⬅ヘチマの実《み》のながさをはかってみましょう。また、ふとさも記録《きろく》してみましょう。皮《かわ》は、しだいにかたくなり、もちあげるとおもくなっていくのがわかります。

実《み》がそだつ

花《か》ふんをうけためばなは、実《み》の部分《ぶぶん》がふとく大《おお》きくそだっていきます。

花《はな》びらは、しぼんだまま実《み》の先《さき》にのこっています。

上《うえ》をむいていた実《み》は、やがて下《した》むきになり、たなからぶらさがります。葉《は》でつくった養分《ようぶん》で、ヘチマが実《み》をふとらせ、なかでたねをそだてています。

外《そと》からふれてみましょう。皮《かわ》がぐんぐんかたくなっているでしょう。

ヘチマだなの下《した》を通《とお》るとき、頭《あたま》をぶつけるたびに、ヘチマがかたくおもくなっていることがわかるでしょう。

⬆わかい実《み》を横《よこ》に切《き》ったところ。たねもまわりも未《み》じゅくでやわらかです。

⬆ソーセージくらいの実《み》を切《き》ったところ。たねができはじめています。

たねがそだつ

わかい実《み》を切《き》ってみました。もう小《ちい》さな子《こ》どものたねがならんでいます。

ヘチマにとって実《み》をつくることは、たねをつくることなのです。あみの目《め》のようなすじは、水《みず》や養分《ようぶん》をはこぶくだです。まだやわらかなたねをまもって、実《み》をつくっているせんいです。

中《ちゅう》くらいの大《おお》きさにそだったヘチマには、白《しろ》くてやわらかな、未《み》じゅくのたねがならんでいます。たねのなかには、つくりかけのふた葉《ば》がすけてみえます。たねの皮《かわ》もなかみも、今《いま》がそだちざかりです。

↓わかいたね。わかい実《み》のたねを平《たい》らに切《き》ってみます。ふた葉《ば》になるところができはじめています。しかし，皮《かわ》も白《しろ》くてやわらかく，なかみもまだじゅうぶんそだっていません。

●おもくじゅくした実《み》

9月《がつ》なかごろ，ヘチマのたなに，冷《つめ》たい雨《あめ》がふります。ずっしりとぶらさがったヘチマのなかで，たねがそだっています。やがて，うれたヘチマが茶色《ちゃいろ》にかわりはじめ，今度《こんど》はだんだんかるくなってきます。

↓葉《は》が色《いろ》づきます。みどり色《いろ》から黄色《きいろ》になり，やがて茶色《ちゃいろ》になってかわいてしまいます。葉《は》の役目《やくめ》もおわりにちかづきました。

→じゅくしたヘチマから、茶色《ちゃいろ》にしぼんでいきます。切《き》りとって水《みず》にしずめておきましょう。皮《かわ》がとれて、たねとせんいがのこります。

←えだから切《き》りとって、なかみをみるためにすぐ切《き》ってみました。たねがならんでいます。黒《くろ》くてつやのあるたねです。日《ひ》にほしてかわかしてからしまいます。来年《らいねん》のたねです。

かたくなった実《み》のなかで

ヘチマの葉《は》は、ちぢれてかわいてきました。実《み》も茶色《ちゃいろ》のしみができて、いくらかちぢんだようにみえます。

もちあげると、かるくてかたさがなくなったようです。もう切《き》りとって、水《みず》にしずめておきましょう。

やがて皮《かわ》がとれて、たねとせんいだけがのこります。たねは、黒《くろ》くて美《うつく》しいつやがあります。

ひとつぶのたねから、いくつの実《み》がとれたでしょう。

ひとつの実《み》からは、二百《ひゃく》二十このたねがとれました。

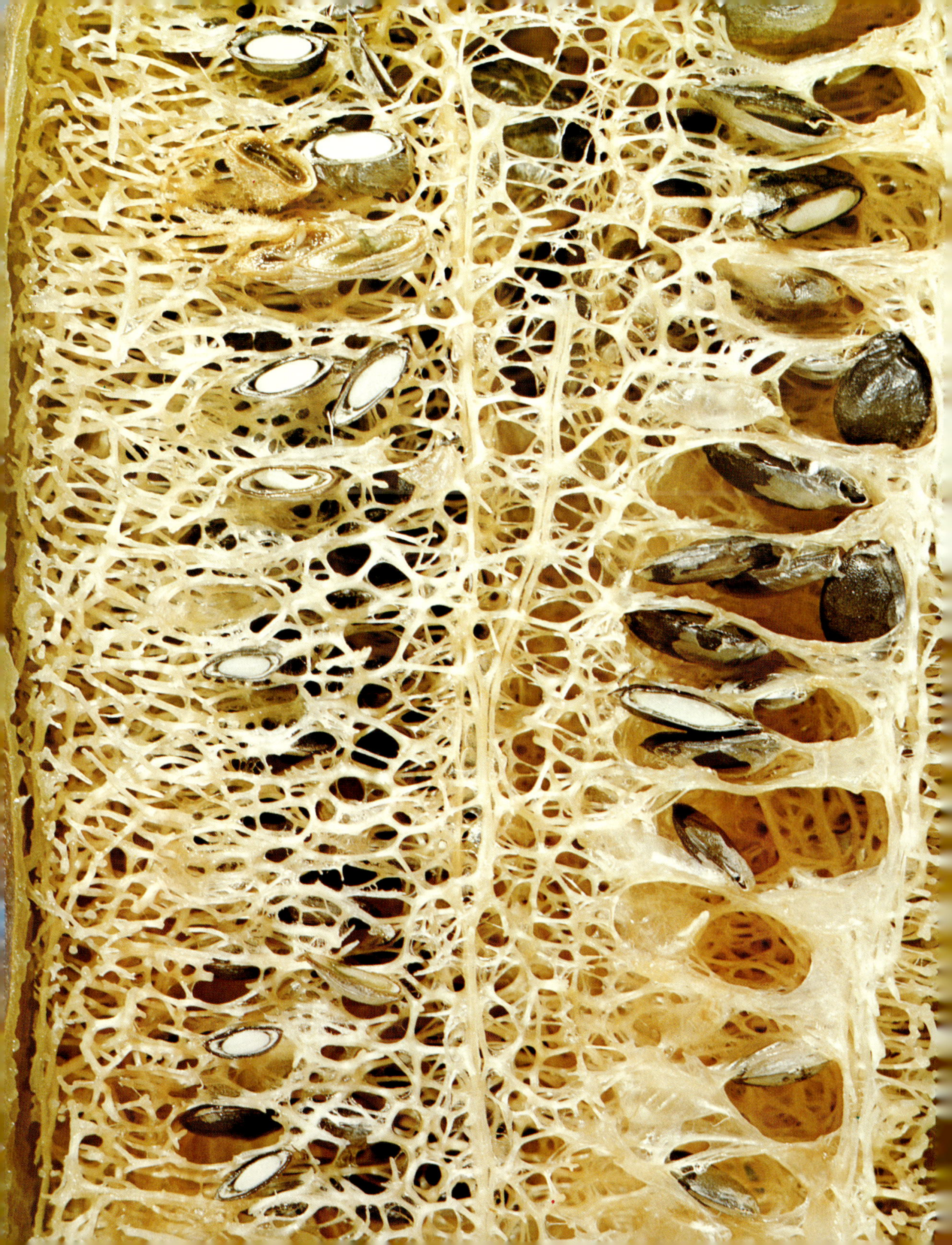

かれてちぢれた葉《は》の上《うえ》で、
ツユムシが日《ひ》なたぼっこをしています。
たなのヘチマは、すっかりかれました。
でも、たねのなかではたくさんのヘチマが、
来年《らいねん》の春《はる》をまってねむっています。

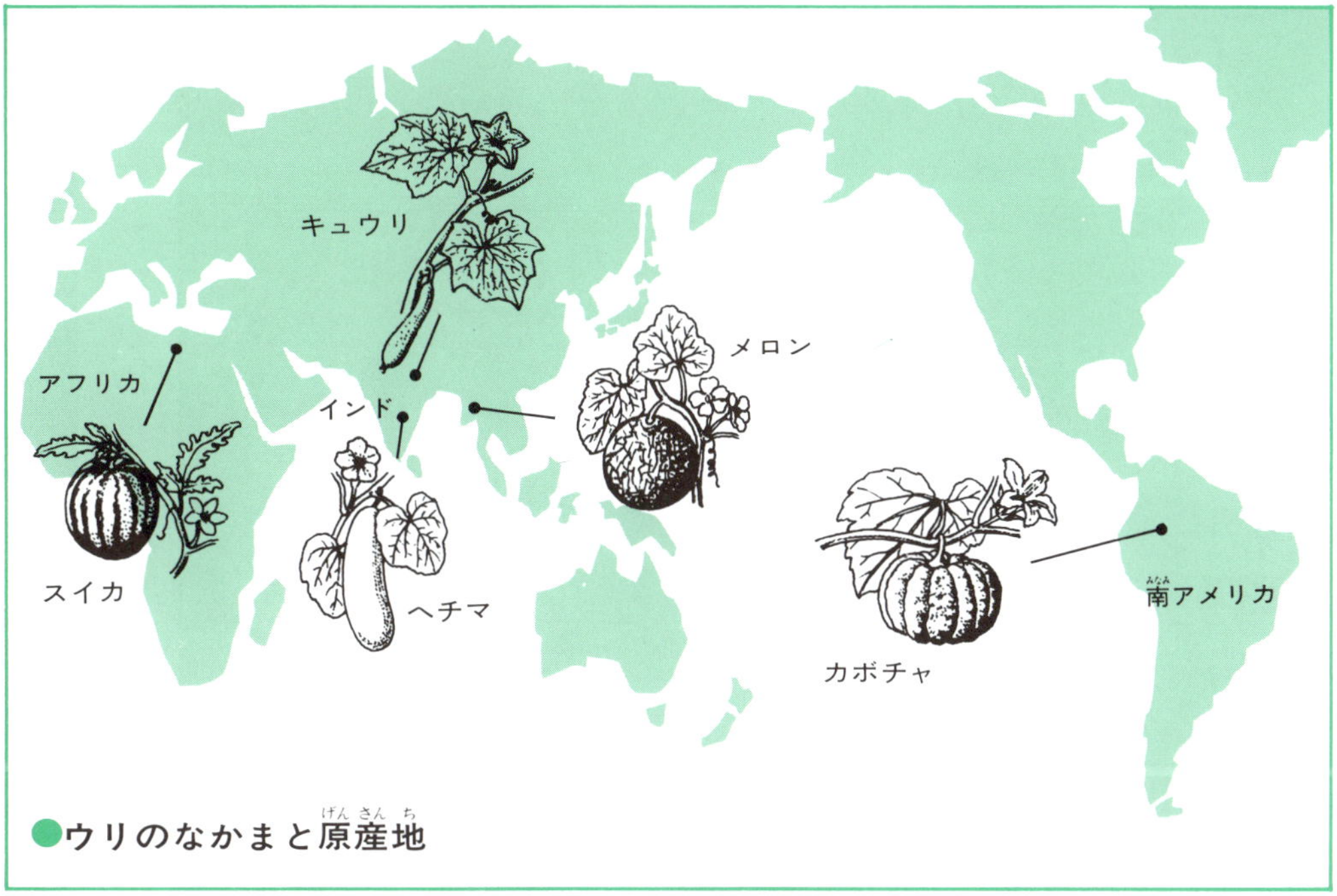

●ウリのなかまと原産地《げんさんち》

ヘチマは、ウリ科《か》とよばれる植物《しょくぶつ》のなかまです。なかまには、キュウリ、スイカ、メロン、カボチャなどがあります。秋《あき》の山《やま》で赤《あか》い実《み》をつけるカラスウリも、自然《しぜん》にみられるウリ科《か》の植物《しょくぶつ》です。

ヘチマは、もともとは日本《にっぽん》の植物《しょくぶつ》ではありませんでした。インドなど、南《みなみ》アジアの地方《ちほう》が原産地《げんさんち》だったと考《かんが》えられています。とおいむかし、食用《しょくよう》にするためにさいばいして改良《かいりょう》されたものです。

やがて文明《ぶんめい》が発達《はったつ》して人《ひと》びとの交流《こうりゅう》がおこり、いつのころか、ヘチマが日本《にっぽん》へわたってきました。日《にっ》本《ぽん》では、ヘチマをあまり食用《しょくよう》にしませんが、東南《とうなん》アジアやアフリカでは、たねや実《み》を食用《しょくよう》にしています。

ヘチマだけでなく、ウリ科《か》の植物《しょくぶつ》はみんな赤道付《せきどうふ》近《きん》が原産地《げんさんち》です。このなかまは、人《ひと》の手《て》によって改《かい》良《りょう》され、さいばいされてきたために、人間《にんげん》が手助《てだす》けしなければ、実《み》をむすばなくなったものもあります。

＊ヘチマのたねをまいてそだてよう

●石油《せきゆ》かんの畑《はたけ》づくり

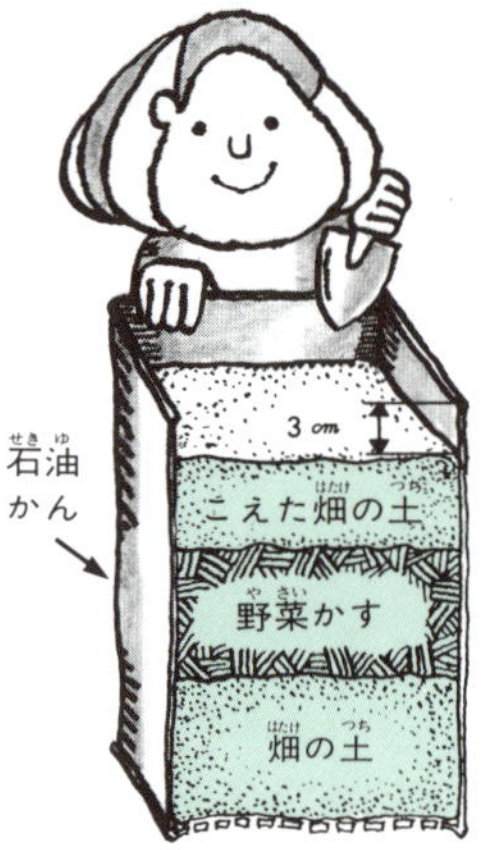

底《そこ》はくぎであなをあける

●たねをまく深《ふか》さ

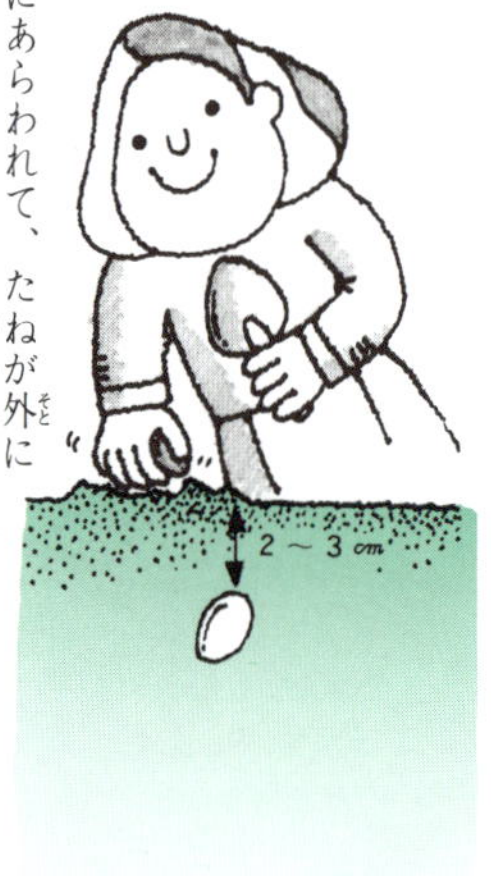

※雨《あめ》にあらわれて、たねが外《そと》にとびださないように注意《ちゅうい》

●雨《あめ》や日《ひ》のあたるところでそだてよう

※土《つち》がかわかないように、水《みず》をやりましょう

●本葉《ほんば》がそだつまでは、小《ちい》さなはちでもかんさつできます。実《み》ができるまでそだてるには、石油《せきゆ》かんか、それより大《おお》きいいれものや畑《はたけ》がひつようです。ここでは石油《せきゆ》かんで、一本《ぽん》のヘチマをそだてる方法《ほうほう》をせつめいします。

●くぎで底《そこ》にたくさんあなをあけた、石油《せきゆ》かんを用意《ようい》します。まず石油《せきゆ》かんの三分《ぶん》の一の深《ふか》さまで、畑《はたけ》の土《つち》をいれます。つぎに三分《ぶん》の一よりおおめに、野菜《やさい》くずをいれます。のこりの三分《ぶん》の一に、こえた畑《はたけ》の土《つち》をいれます。そのまま、一週間《しゅうかん》ほどほうっておきます。

●やがて野菜《やさい》くずがくさって、土《つち》がしずみます。かんのふちが三センチほどのこるようにして、土《つち》をおぎないましょう。たねはひとかんに三〜四こ、深《ふか》さ二〜三センチにまきます。かんは雨《あめ》や日《ひ》のあたる場所《ばしょ》におきましょう。

●本葉《ほんば》が五まいほどになったら、いちばん元気《げんき》のよい一本《ぽん》をのこして、ほかはくきを根《ね》もとから、はさみで切《き》ってしまいます。しゅろなわをまいたささえの竹《たけ》や、くきがはうじょうぶなたなを用意《ようい》します。しばらくは、つるがうまくまきつくように、手助《てだす》けがひつようです。

●水《みず》をわすれずにやりましょう。花《はな》をつけるようになったら、二週間《しゅうかん》に一度《ど》、かんの四すみに、油《あぶら》かすを大《おお》さじいっぱいずつうめます。めばなが五〜六こさいたら、なおものびつづけようとするくきの先《さき》を切《き》ってしまいます。そうすると、実《み》がよくそだつようです。

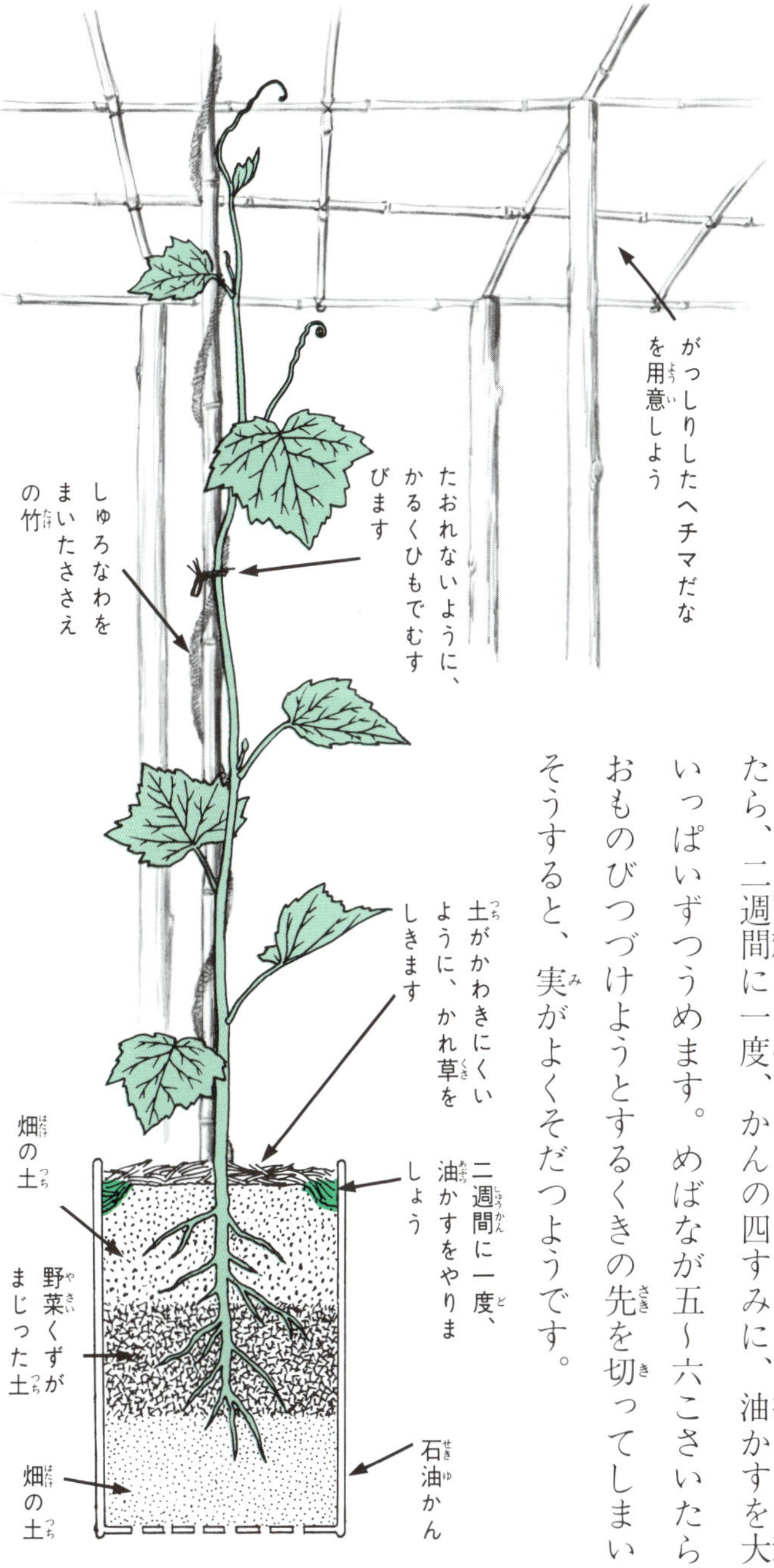
がっしりしたヘチマだなを用意《ようい》しよう
たおれないように、かるくひもでむすびます
しゅろなわをまいたささえの竹《たけ》
土《つち》がかわきにくいように、かれ草《くさ》をしきます
二週間《しゅうかん》に一度《ど》、油《あぶら》かすをやりましょう
畑《はたけ》の土《つち》
野菜《やさい》くずがまじった土《つち》
畑《はたけ》の土《つち》
石油《せきゆ》かん

ヘチマ・カレンダー

3月《がつ》 ●ヘチマの畑《はたけ》を用意《ようい》しておきましょう

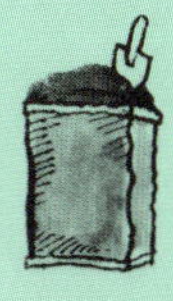

4月《がつ》 ●たねをまこう

●芽《め》ばえやふた葉《ば》のかんさつをしよう

5月《がつ》

●つるのまきかたをしらべよう

6月《がつ》 ●たなの上《うえ》でヘチマがそだちざかりの季節《きせつ》

7月《がつ》 ●花《はな》がさきます

8月《がつ》 ●実《み》が生長《せいちょう》します

9月《がつ》 ●実《み》がじゅくします

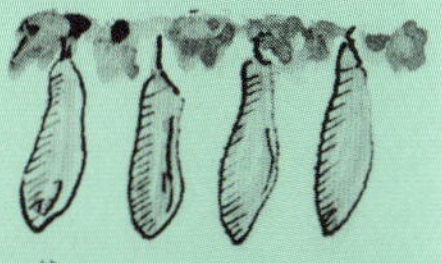

10月《がつ》 ●葉《は》がかれはじめます

＊そだつヘチマをかんさつしよう

●どれだけ大《おお》きくなったかはかってみよう

●葉《は》のつけねになにがみつかっただろう

●つるはどちらにねじれたかかな?

●ものさしではかってみよう　マジックをつかって、くきにきまった間《かん》かくで、しるしをつけ、どこがどれだけのびるかしらべてみましょう。

くきの上《うえ》の方《ほう》と、下《した》の方《ほう》の葉《は》の大《おお》きさをくらべてみましょう。どこについている葉《は》が大《おお》きいでしょう。

●虫《むし》めがねでかんさつしよう　葉《は》のつけねを虫《むし》めがねでしらべましょう。花《はな》めやつるがのびてきます。

葉《は》のつけねには、みつがでるふくらみがあって、アリがあつまります。どこからみつがでるか、アリがどこをなめているか、かんさつしてみましょう。

●つるのうごきを絵《え》にかいてみよう　風《かぜ》のしずかな日《ひ》に、のびたつるの先《さき》の運動《うんどう》をかんさつしましょう。つるの先《さき》がどんなふうにうごいたか、時間《じかん》をおって絵《え》にかいてみましょう。運動《うんどう》のようすがわかります。

つるがささえにまきつくようすや、ねじれのできかたも時間《じかん》をおってかんさつしてみましょう。

●つるの形《かたち》をしらべてみよう　つるにはねじれがい

ささえにまきついたつるには，ねじれができて，ばねのようです。

のびたつるの先《さき》は，わをかくように，ゆっくり回転《かいてん》しています。

くつできたか、数《かぞ》えてみましょう。ささえにとどかなかったつるは、どうなったでしょう。二本《ほん》や三本《ぼん》にえだわかれしたつるは、どんなまきつきかたをしているでしょう。くきをしっかりささえているねじれは、どんな形《かたち》でしょう。

2つねじれがあるつる

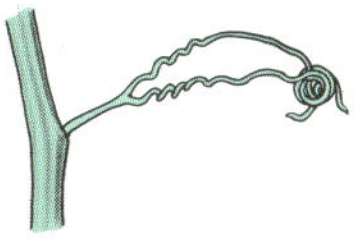

ねじれてたまになったつる

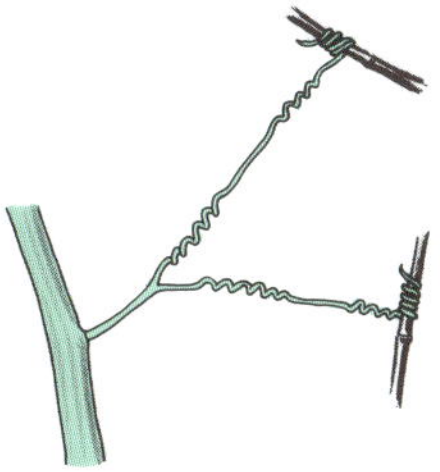

2本《ほん》にえだわかれしたつる

●アリマキをさがしてみよう　葉《は》のうらやくきをしらべてみましょう。アリマキがどんな生活《せいかつ》をしているか、虫《むし》めがねでかんさつしてみましょう。アリマキがふえると、どんな種類《しゅるい》のこん虫《ちゅう》があつまってくるかしらべてみましょう。あつまった虫《むし》が、何《なに》をたべているかかんさつしてみましょう。

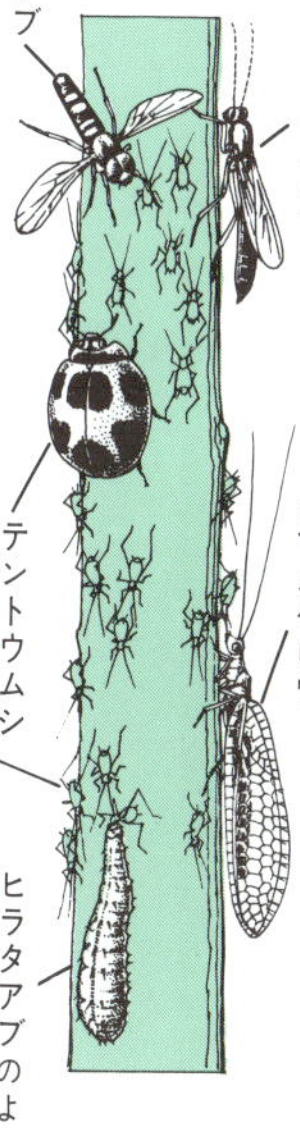
ヒラタアブ
マダラアブラバチ
テントウムシ
クサカゲロウ
アリマキ
ヒラタアブのよう虫《ちゅう》

↑アサガオは，ささえにくきをまきつけながらのびます。ヘチマのように，まきひげをもっていません。

↑キュウリもウリ科《か》の植物《しょくぶつ》です。くきが変化《へんか》したまきひげで，ささえにまきついてのびます。

＊つる植物《しょくぶつ》のなかまたち

ヘチマのように、ほかのものにつかまってのびる植物《しょくぶつ》を、つる植物《しょくぶつ》とよぶことがあります。つる植物《しょくぶつ》のなかまには、ウリ科《か》の植物《しょくぶつ》のほかに、アサガオや、カナムグラがあります。みんな自分《じぶん》で立《た》つことができずに、ほかの植物《しょくぶつ》などにつかまってのびます。

つる植物《しょくぶつ》は、そのつかまりかたで、つぎの四つにわけられます。

❶くき自身《じしん》がまきついて、ほかの植物《しょくぶつ》につかまるもの。アサガオやインゲンマメなどがあります。

❷くきから、ひげのようなつる（まきひげ）をだして、ほかの植物《しょくぶつ》にまきつくもの。ヘチマ、キュウリ、カラスウリ、ヤブガラシ、エンドウなどがあります。まきひげは、くきや葉《は》が変化《へんか》してできたものです。

❸くきにはえた下《した》むきのとげを、ほかの植物《しょくぶつ》にひっかけながらのびるもの。カナムグラ、ママコノシリヌグイなどで、くきはまきつきません。とげは、くきの一部《ぶ》が変化《へんか》してできたものです。

⬆カナムグラは，くきの表面《ひょうめん》にはえた下《した》むきのとげを，ほかの植物《しょくぶつ》にひっかけてのびます。左《ひだり》はくきをかく大《だい》して，とげをみたところ。

⬆じゅくしたカラスウリの実《み》。くきにまきひげがあります。鳥《とり》が実《み》をついばみ，たねをはこんでくれます。

④くきからきゅうばんの役目《やくめ》をする、とくべつの根《ね》をだして、ほかの植物《しょくぶつ》につかまってのびるもの。ツタやキヅタがこのなかまです。

つる植物《しょくぶつ》は熱《あつ》い地方《ちほう》に、種類《しゅるい》も数《かず》もおおくみられる植物《しょくぶつ》です。それは、つる植物《しょくぶつ》の形《かたち》と、熱《あつ》い地方《ちほう》のかんきょうと関係《かんけい》があります。

熱《あつ》い地方《ちほう》では、年《ねん》じゅう植物《しょくぶつ》がおいしげっています。おくれて下《した》からそだつ植物《しょくぶつ》は、太陽《たいよう》があたらずにおわります。でも、つる植物《しょくぶつ》はほかの植物《しょくぶつ》につかまって上《うえ》にのび、おおっていた植物《しょくぶつ》の上《うえ》に葉《は》をひろげて、生長《せいちょう》することができます。

⬆ツタはくきから，とくべつの根《ね》をだして，ほかの植物《しょくぶつ》につかまりのびていきます。

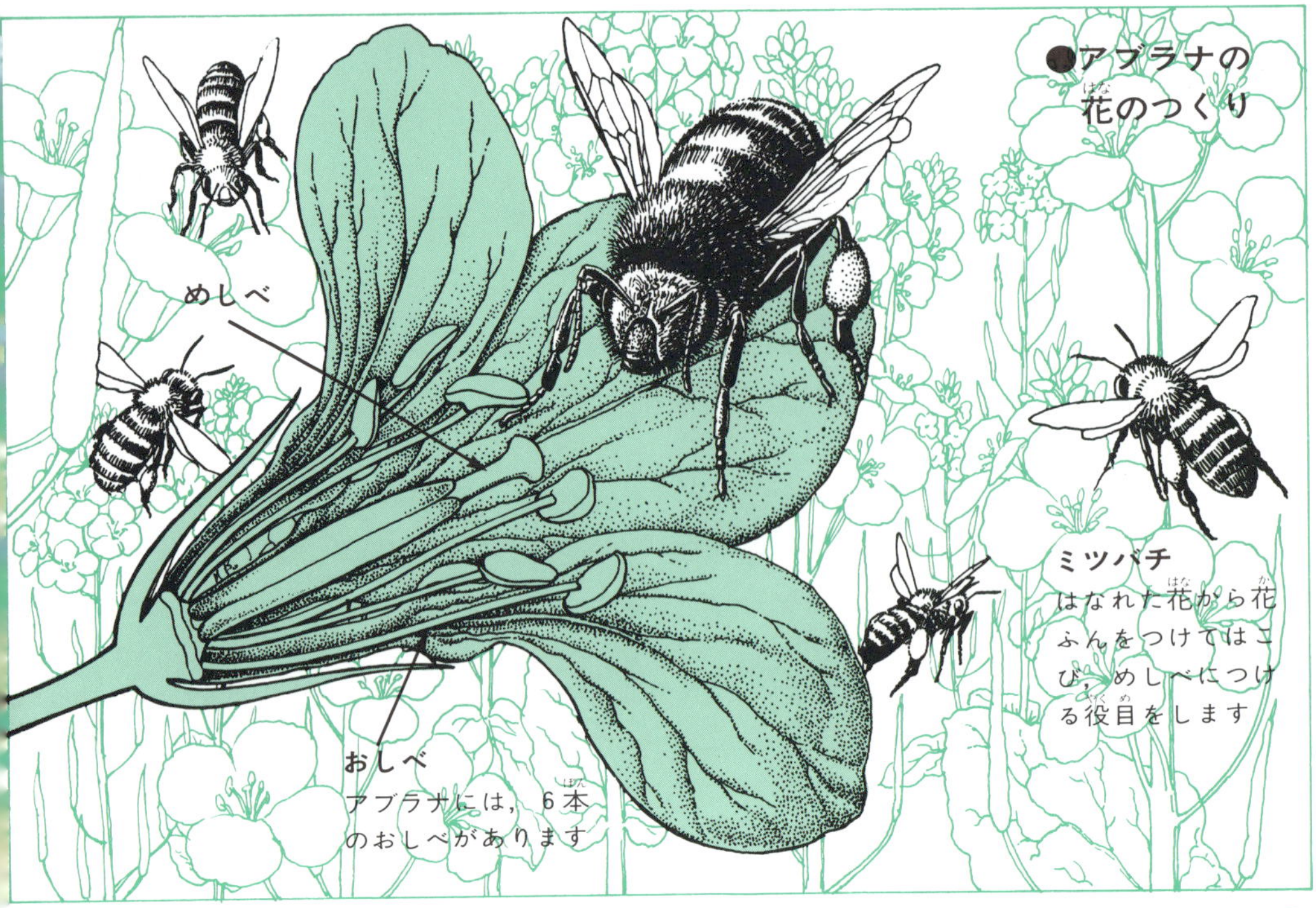
●アブラナの
花《はな》のつくり
めしべ
ミツバチ
はなれた花《はな》から花《か》ふんをつけてはこび，めしべにつける役目《やくめ》をします
おしべ
アブラナには，6本《ぽん》のおしべがあります

●おしべとめしべ　アブラナやサクラなどは、花《はな》がひらくと、おしべやめしべが顔《かお》をだします。このような花《はな》には、ふつう花《はな》の中央《ちゅうおう》に一本《ぽん》のめしべと、それをとりまく数本《すうほん》のおしべがあります。おしべの先《さき》のふくろからでた、花《か》ふんがめしべにつくと、たねや実《み》ができます。

ひとつの花《はな》のなかで、おしべの花《か》ふんがめしべについて、たねや実《み》ができるものもあります。

しかし、おおくの種類《しゅるい》の植物《しょくぶつ》は、できるだけとおくの花《はな》からはこばれた花《か》ふんが、めしべについた方《ほう》が、よく実《み》やたねができるようです。

おなじ花《はな》のなかで、めしべとおしべの生長《せいちょう》がずれているものもあります。めしべは、ほかの花《はな》の花《か》ふんしか受《じゅ》ふんできないようになっています。

たとえ、おなじ花《はな》の花《か》ふんがついても、たねや実《み》ができないしくみになっているものもあります。

こうした花《はな》では、はなれた花《はな》から花《はな》へ、花《か》ふんを

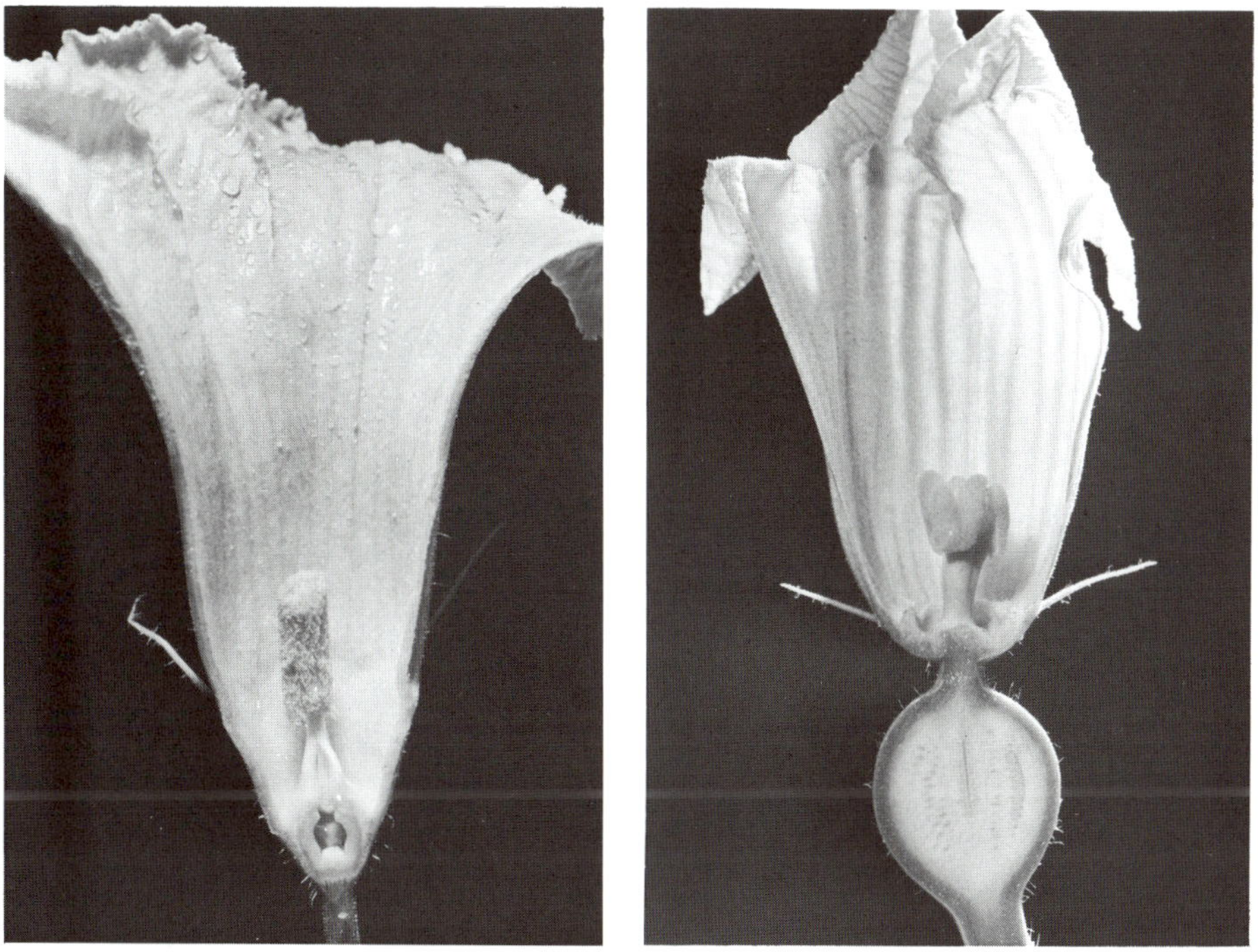

←カボチャの花《はな》のめばなの断面《だんめん》(右《みぎ》)とおばなの断面《だんめん》。めばなの下《した》の方《ほう》のふくらみは、受《じゅ》ふんするとやがてふくらんで実《み》になる部分《ぶぶん》。

はこぶのは、風《かぜ》や虫《むし》たちが手助《てだす》けします。

●おばなとめばな　ヘチマの花《はな》には、おばなとめばながあります。おばなには、おしべだけがあります。めばなには、めしべだけがあります。めしべとおしべがべつべつの花《はな》にあるので、おなじ花《はな》の花《か》ふんがめしべにつく心配《しんぱい》はありません。

ヘチマのほかに、おばなとめばなをもつものは、カボチャやキュウリ、カキがあります。

さらに、おばなだけがさくおすのかぶと、めばなだけがさくめすのかぶにわかれている植物《しょくぶつ》もあります。イチョウやカラスウリなどです。

花《か》ふんは虫《むし》や風《かぜ》がはこびますが、さいばい植物《しょくぶつ》には、人間《にんげん》の手助《てだす》けがひつようなものもあります。

●めばなが五～六こさいたら

一本《ぽん》のくきにめばなが五～六こさいたら、のびつづけるくきの先《さき》を切《き》ります。そうすると、くきは生長《せいちょう》をやめます。そのぶんだけ実《み》の生長《せいちょう》がよくなるようです。

●めばなの断面《だんめん》と花《か》ふんのゆくえ

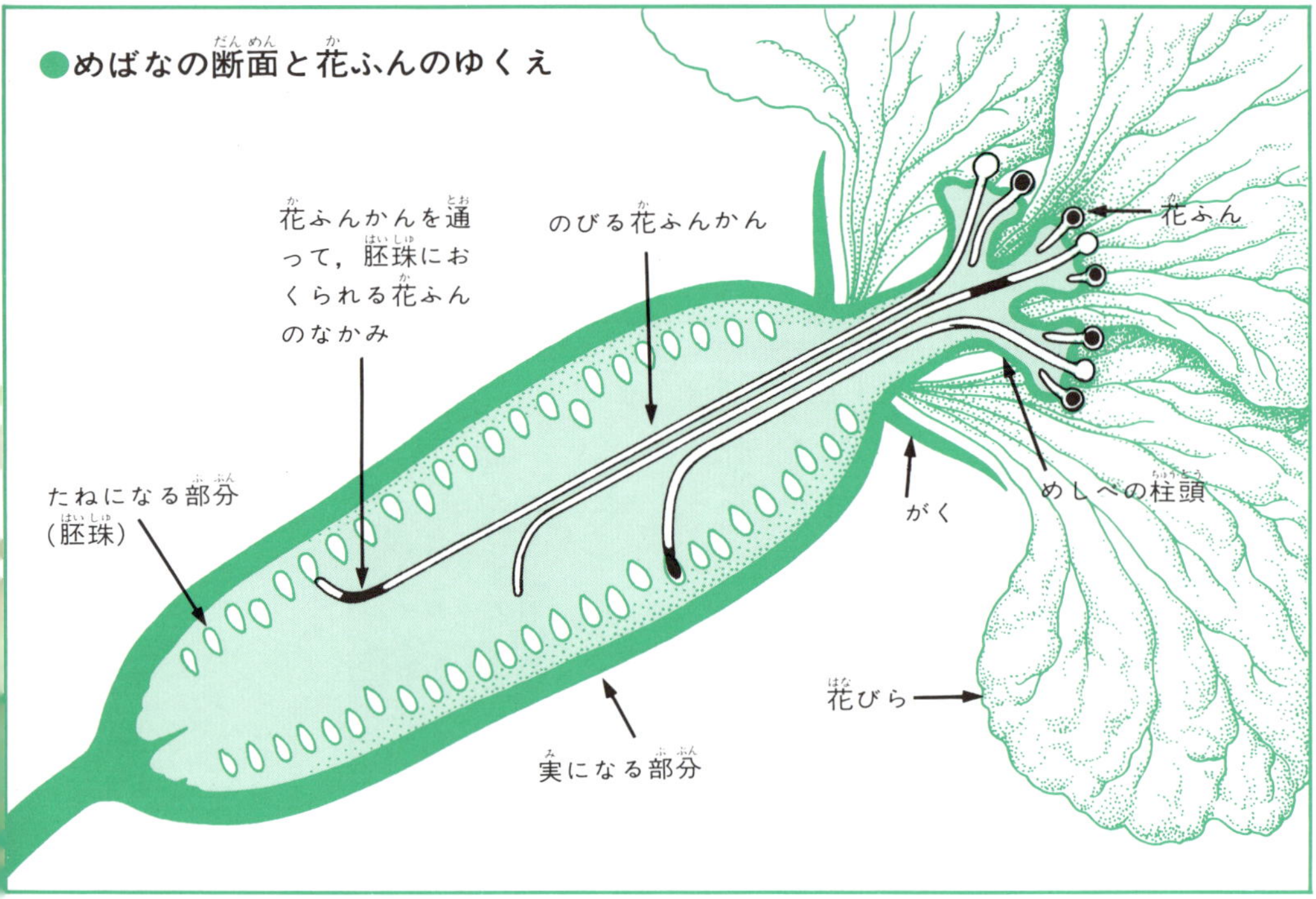

花《か》ふんかんを通《とお》って，胚珠《はいしゅ》におくられる花《か》ふんのなかみ
のびる花《か》ふんかん
花《か》ふん
たねになる部分《ぶぶん》
(胚珠《はいしゅ》)
がく
めしべの柱頭《ちゅうとう》
花《はな》びら
実《み》になる部分《ぶぶん》

●花《か》ふんのゆくえ　めしべの先《さき》についた花《か》ふんは、やがて、根《ね》がのびるように、めしべのなかにくだをのばします。これを花《か》ふんかんといいます。このくだは、さらに実《み》になる部分《ぶぶん》にのびていきます。実《み》のたねになる部分《ぶぶん》に、花《か》ふんかんがとどくと、花《か》ふんのなかみがくだをつたわってうつってきます。花《か》ふんのなかみとたねになる部分《ぶぶん》がいっしょになると、たねの生長《せいちょう》がはじまります。

しかし、めしべにつく花《か》ふんがあまりおおくないと、生長《せいちょう》するたねもすくなくなります。花《か》ふんがすくなすぎると、実《み》はほとんど大《おお》きくならず、たねをつくらずに、かれてしぼんでしまいます。

⬇さとう水《みず》のなかで，花《か》ふんかんをのばすキュウリの花《か》ふん。

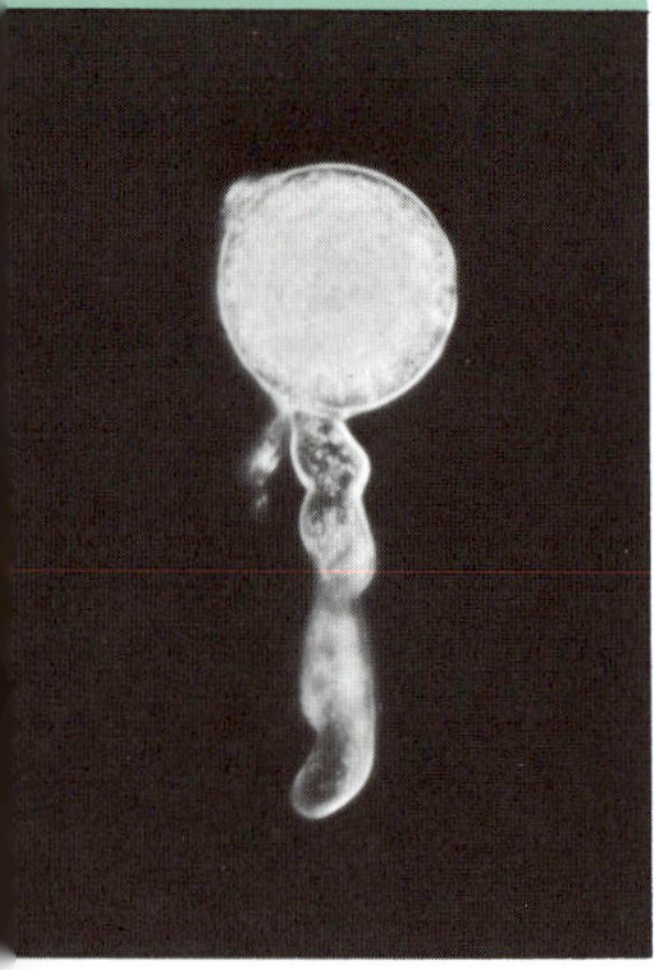

←ヘチマの実《み》は，長《なが》くふとくなるにつれて，おもくかたくなります。実《み》のなかでは，たねがそだっています。

↓花《か》ふんのつきがわるかったりすると，とちゅうで実《み》がしぼんでかれてしまいます。

●実《み》の生長《せいちょう》をかんさつしよう　かけあわせをしない、めばなにしるしをつけておいて、実《み》が生長《せいちょう》するかどうかかんさつしましょう。こん虫《ちゅう》が、花《か》ふんをいくらか、はこんでいるかもしれません。

実《み》が生長《せいちょう》しはじめたら、どれだけ大《おお》きくなるかはかってみましょう。そのときの実《み》のかたさや、おもさもかんさつしましょう。

実《み》がだいぶ大《おお》きくなってきたら、いろいろな大《おお》きさのヘチマを切《き》って、なかでたねがどれくらいそだっているかしらべてみましょう。たねがすっかりできると、実《み》はどうなるでしょうか。

また、できかけのやわらかいたねをしらべてみましょう。どこがたねのからになるか、どこがたねのふた葉《ば》になるかしらべてみましょう。

●たねのほぞんの注意《ちゅうい》

日《ひ》かげの風通《かぜとお》しのよい場《ば》所《しょ》で，たねをよくかんそうさせてから，ほぞんしましょう。

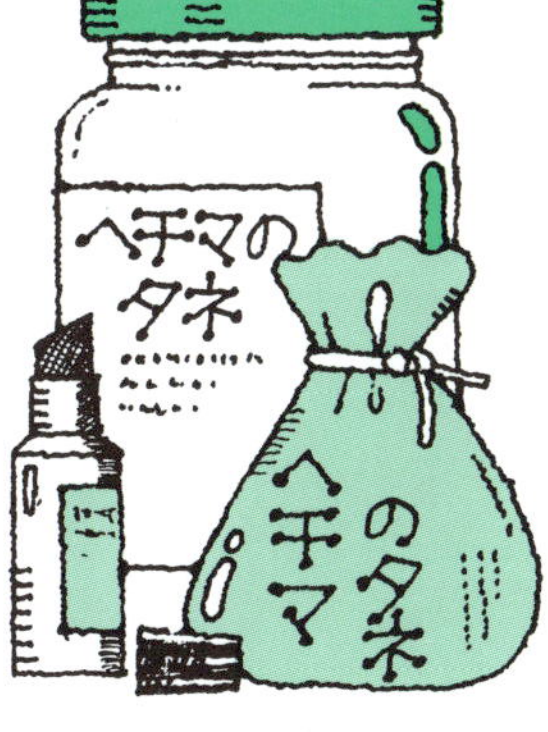

＊ヘチマでためしてみましょう

●ヘチマだなの日《ひ》よけ　庭《にわ》のかたすみにつくったヘチマのたなは、やがて大《おお》きな葉《は》でおおわれます。葉《は》は、夏《なつ》の太陽《たいよう》の光《ひかり》をたっぷりうけて、ヘチマの実《み》をそだてます。

ヘチマの日《ひ》よけで、たなの下《した》にはすずしい日《ひ》かげができました。さあ、いすやござをはこんで、夏《なつ》の午後《ごご》をヘチマのたなの下《した》で、すずんでみましょう。ヘチマの下《した》の季節《きせつ》をゆっくりあじわってみましょう。

●ヘチマ水《すい》をとってみよう　くきを切《き》って、びんにさしこんでおくと、地中《ちちゅう》からすいあげた水《みず》がたまります。ひとばんでビールびん一本《ぽん》くらいたまります。

この水《みず》は、ヘチマ水《すい》とよばれ、この水《みず》で顔《かお》をあらうと、皮《ひ》ふがつやつやになります。あせもにもききます。ヘチマ水《すい》をとってみましょう。

●ヘチマたわしをつくろう　すっかりじゅくしてかるくなった実《み》を水《みず》につけて、皮《かわ》をとります。二つに切《き》って、せんいのような実《み》からたねをだし、水《みず》ですすいでかわかすと、ヘチマたわしができます。

食器《しょっき》あらいのたわしにもつかえます。ヘチマたわしにシャボンをぬって、からだをあらうとさっぱりします。

実《み》のせんいでつくったヘチマたわし

●くきの長《なが》さをはかってみよう　すっかり葉《は》がかれました。実《み》をとったら、ヘチマだなをとりはずします。ヘチマののびたくきを、たなからそっとはずしてみましょう。

ちぎれないようにはずしたら、さあ、地面《じめん》にのばしてみましょう。どれだけ生長《せいちょう》したか、はかってみましょう。教室《きょうしつ》のなかをひとまわりもするような長《なが》さがありましたか。

あとがき

●あと一日《にち》で大《おお》みそかという日《ひ》、フィリピンのセブ市郊外《しこうがい》を歩《ある》いていますと、ヘチマが目《め》にはいりました。人家《じんか》のかきねに花《はな》をさかせているのでした。日本《にっぽん》は、ま冬《ふゆ》だというのに、ヘチマの花《はな》のかきねをみて、ヘチマが南方系《なんぽうけい》の植物《しょくぶつ》であることを、あらためてしりました。

黄色《きいろ》いチョウやテントウムシが、ヘチマの花《はな》にきていました。アリも花《はな》にあつまっていました。日本《にっぽん》でみるのとおなじ情景《じょうけい》でした。もちろん、種類《しゅるい》は日本《にっぽん》のものとちがっているのですが。

●ヘチマを数本《すうほん》うえたら、いろいろな虫《むし》たちがおとずれました。自然《しぜん》は、ヘチマだけがひとりで生《い》きているのではないことを、おしえてくれました。みどりのたなが、夏《なつ》のあいだ、すずしい日《ひ》かげをつくってくれました。「花《はな》と虫《むし》」や「つるの運動《うんどう》」は、ふしぎな物語《ものがたり》の本《ほん》をひらくおもいがしました。

●ヘチマの栽培《さいばい》と管理《かんり》について、東京都《とうきょうと》世田谷区立《せたがやくりつ》三宿《みしゅく》小学校《しょうがっこう》教頭《きょうとう》の馬場《ばば》一男《かずお》先生《せんせい》にご指導《しどう》していただきました。資料《しりょう》あつめや原稿《げんこう》整理《せいり》は、小田《おだ》英智《ひでとも》さん、真佐子《まさこ》さんご夫妻《ふさい》に手《て》つだっていただきました。そのほか、この本《ほん》をつくるにあたってあかね書房《しょぼう》や印刷所《いんさつじょ》の方《かた》がたなど、おおくのみなさまにお世話《せわ》になりました。みなさまには、心《こころ》より感謝《かんしゃ》いたします。

佐藤《さとう》有恒《ゆうこう》
（一九七五年三月）

NDC479

佐藤有恒

科学のアルバム　植物 7

ヘチマのかんさつ

あかね書房 2022

54P　23×19cm

科学のアルバム

ヘチマのかんさつ

一九七五年 三 月初版

二〇〇五年 四 月新装版第 一 刷

二〇二二年一〇月新装版第一一刷

著者　佐藤有恒

発行者　岡本光晴

発行所　株式会社 あかね書房

〒一〇一−〇〇六五

東京都千代田区西神田三−二−一

電話〇三−三二六三−〇六四一（代表）

http://www.akaneshobo.co.jp

印刷所　株式会社 精興社

写植所　株式会社 田下フォト・タイプ

製本所　株式会社 難波製本

ISBN978-4-251-03339-0

定価は裏表紙に表示してあります。

落丁本・乱丁本はおとりかえいたします。

○表紙写真

・おもくじゅくしたヘチマの実《み》

○裏表紙写真（上から）

・実《み》になる部分《ぶぶん》がついたヘチマのめばな

・おばなを切《き》ってみたところ

・下《した》むきになったヘチマの実《み》

○扉写真

・つぼみがたくさんついている
ヘチマのおばな

○もくじ写真

・ふくらんできためばなのつぼみ

科学のアルバム

全国学校図書館協議会選定図書・基本図書
サンケイ児童出版文化賞大賞受賞

虫

モンシロチョウ
アリの世界
カブトムシ
アカトンボの一生
セミの一生
アゲハチョウ
ミツバチのふしぎ
トノサマバッタ
クモのひみつ
カマキリのかんさつ
鳴く虫の世界
カイコ まゆからまゆまで
テントウムシ
クワガタムシ
ホタル 光のひみつ
高山チョウのくらし
昆虫のふしぎ 色と形のひみつ
ギフチョウ
水生昆虫のひみつ

植物

アサガオ たねからたねまで
食虫植物のひみつ
ヒマワリのかんさつ
イネの一生
高山植物の一年
サクラの一年
ヘチマのかんさつ
サボテンのふしぎ
キノコの世界
たねのゆくえ
コケの世界
ジャガイモ
植物は動いている
水草のひみつ
紅葉のふしぎ
ムギの一生
ドングリ
花の色のふしぎ

動物・鳥

カエルのたんじょう
カニのくらし
ツバメのくらし
サンゴ礁の世界
たまごのひみつ
カタツムリ
モリアオガエル
フクロウ
シカのくらし
カラスのくらし
ヘビとトカゲ
キツツキの森
森のキタキツネ
サケのたんじょう
コウモリ
ハヤブサの四季
カメのくらし
メダカのくらし
ヤマネのくらし
ヤドカリ

天文・地学

月をみよう
雲と天気
星の一生
きょうりゅう
太陽のふしぎ
星座をさがそう
惑星をみよう
しょうにゅうどう探検
雪の一生
火山は生きている
水 めぐる水のひみつ
塩 海からきた宝石
氷の世界
鉱物 地底からのたより
砂漠の世界
流れ星・隕石